BERSAGLIERI D'ITALIA 1940-1945

ANDREY AKIMOV

SERIES EDITED BY

LUCA STEFANO CRISTINI

AUTHOR

Andrey Akimov è nato il 4 dicembre 1972 a Karaganda, una città del Kazakistan centro-settentrionale, che allora faceva parte dell'URSS. Nel 1986, con i suoi genitori, si trasferì nella regione di Sverdlovsk della RSFSR, Repubblica Socialista Federativa Sovietica Russa, oggi federazione Russa. Vive ancora qui, nella piccola città di Rezh. Intorno alla prima elementare Andrey inizia a disegnare i suoi primi soldatini (di carta). Ad oggi Andrey non è molto interessato a disegnare su commissione, ma se trova interessante il soggetto richiesto può valutare la proposta. Eventualmente può essere contattato attraverso il suo indirizzo di posta elettronica, aki-andrey@yandex.ru, al fine di una trattativa riservata.

Non c'è una regola fissa sulla scelta dei soggetti che poi Andrey AKIMOV disegna e colora. Questo spunto può arrivare dalla lettura di un libro, piuttosto che dalla visione di un film, od ancora dalle discussioni su di un forum. Quando l'argomento lo "prende", Andrey inizia a disegnare. Fin da bambino predilige la storia della Prima Guerra Mondiale. A questa si è aggiunto il periodo del XVII e XVIII secolo, la guerra civile Spagnola, anche se alla fine generalmente è appassionato di tutto quanto è storia militare.

Andrey AKIMOV was born on December 4, 1972 in Karaganda, a city in north-central Kazakhstan, which was then part of the USSR. In 1986, with his parents, he moved to the Sverdlovsk region of the RSFSR, the Russian Soviet Socialist Federative Republic, now the Russian Federation. He still lives here in the small town of Rezh. Around the first grade Andrey begins to draw his first (paper) toy soldiers. To date Andrey is not very interested in drawing on commission, but if he finds the requested subject interesting enough he can evaluate the proposal. Eventually he can be contacted through his email address, aki-andrey@yandex.ru, for the purpose of a private negotiation.

There is no a fixed rule for the choice of subjects which Andrey AKIMOV then draws and colors. This starting point can come from reading a book, rather than from watching a film, or even from discussions on a forum. When the topic "catches" him, Andrey starts drawing. Since he was a child he has preferred the history of the First World War. To this was added the period of the seventeenth and eighteenth centuries, the Spanish Civil War, although in the end he is generally fond of all that is military history.

PUBLISHING'S NOTE
None of **unpublished** images or text of our book may be reproduced in any format without the expressed written permission of Soldiershop.com when not indicate as marked with license creative commons 3.0 or 4.0. The publisher remains to disposition of the possible having right for all the doubtful sources images or not identifies. Our trademark: Soldiershop Publishing ©, The names of our series: Soldiers&Weapons, Battlefield, War in colour, PaperSoldiers, Soldiershop e-book etc. are herein © by Soldiershop.com.

PAPER SOLDIERS SERIES
La collana è dedicata alla storia e alla collezione de mitici soldatini di carta o ai soldatini da warfame. In ogni volume preziose raccolte di soldatini stampati il secolo scorso (e anche prima), provenienti dalle nostre collezioni, ma anche nuovi figurini realizzati con abile maestria dai nostri bravi autori. Sempre con l'intento di fornirvi illustrazioni di grande qualità.

RINGRAZIAMENTI E CREDITI FOTOGRAFICI - PHOTOGRAPHIC CREDITS:
Le tavole sono generalmente opera dell'autore o dell'illustratore indicato. La gran parte del resto dell'iconografia usata appartiene all'archivio dell'editore, foto scattate dall'autore, o materiale di amici collezionisti. L'Editore rimane in ogni caso a disposizione degli eventuali aventi diritto per tutte le fonti iconografiche dubbie o non identificate. Un ringraziamento particolare va a Giorgio G. Pedrazzi collezionista da sempre devoto appassionato di soldatini di carta.

Dedichiamo questo libro ad Alfio Moratti,
decano dei collezionisti di soldatini di carta in Italia

Title: **BERSAGLIERI D' ITALIA 1940-1945** - by Andrey Akimov
Serie edit by Luca S. Cristini. First edition by Soldiershop. Settembre 2020
Cover & Art Design: Luca S. Cristini. ISBN code: 978-88-93275477
Published by Luca Cristini Editore, via Orio 35/4- 24050 Zanica (BG) ITALY. www.soldiershop.com

BERSAGLIERI D'ITALIA 1940-1945

Andrey Akimov

SERIES EDITED BY
Luca Stefano Cristini

I SOLDATINI DI CARTA RUSSI

Circa una dozzina di anni fa, la grande passione ancora viva per i "Soldatini di Carta" nei paesi dell'Est europeo, principalmente in Russia, ma anche in Ucraina e negli altri stati ex URSS ha fatto in modo che l'aggregazione già esistente e solida di appassionati in alcuni forum e gruppi di discussione russi facesse nascere i primi tentativi di produzione "in proprio" da parte di utenti dotati di particolare talento artistico e con abilità tali da potere produrre figure oltreché osservarle e curare il piacere di collezionarle.

Il primo di questi artisti è stato sicuramente Igor Zemlyanukhin, già Ufficiale della Polizia Ucraina, poi seguito da Andrey Ryumin, ufficiale della Marina Mercantile Russa e da altri, tra cui Igor Vorobyev, ingegnere, e finalmente il nostro Andrey Akimov, autore delle tavole presenti in questo libro. Per arrivare agli ultimi Mikhail Betsky e Maxim Scherbakov, ed avendone sicuramente tralasciati altri altrettanto meritevoli per dimenticanza o per non completa identificazione.

Dall'incontro di questi appassionati ed autori russi in questi ultimi anni si è aperta una spontanea ma importante produzione, non solo per quantità ma anche e soprattutto per qualità, di nuovi "soldatini di carta", di cui però tutti ne possiamo benificare. Uno delle colonne portanti di questo evento spontaneo è di sicuro Andrey Akimov, non solo per la qualità delle sue produzioni ma anche per la varietà e l'originalità dei suoi soggetti, che qui presentiamo. In questa prima serie fanno bella mostra di sé 23 bellissime tavole dedicate ai bersaglieri italiani durante la seconda guerra mondiale. Per espresso desiderio "ortodosso" di autore e ideatore, i fogli vengono presentati, il più possibile nella scala originale, e con la caratteristica del fondo bianco sul retro per poter essere ritagliati, senza "ferire" altri soggetti sul lato opposto.

ENGLISH TEXT

About a decade ago, the great passion still alive about the "paper soldiers" in Eastern Europe, mainly in Russia but also in Ukraine and other former USSR states ensured that the already existing and solid aggregation of enthusiasts present in some Russian forums and discussion groups gave rise to the first produc-

tion attempts "on their own" by users with special artistic talent and with skills that could draw and produce figures as well as just observing and taking care of the pleasure of collecting them.

The first of these authors was certainly Igor Zemlyanukhin, formerly an Officer of the Ukrainian Police, then followed by Andrey Ryumin, an Officer of the Russian Merchant Navy and by others, including Igor Vorobyev, an engineer, and our Andrey Akimov, author of the tables and paper soldiers featured in this book. Then here is Mikhail Betsky and Maxim Scherbakov ... and many others equally deserving ... but which for now due to forgetfulness or incomplete identification I cannot mention.

From the meeting of these Russian enthusiasts and authors in recent years a spontaneous but important production has started, ,big not only for quantity but above all for its quality, a, of new "paper soldiers", a production that we can all benefit from. One of the pillars of this spontaneous event is certainly Andrey Akimov, not only for the quality of his productions but also for the variety and originality of his subjects, which we present here.
In this first series 23 beautiful tables dedicated to Italian bersaglieri during the Second World War make a fine show.
By express "orthodox" desire of the author, the sheets are presented, as much as possible in the original scale, and with the characteristic of the white background on the back in order to be cut out, without "hurting" other subjects on the opposite side.

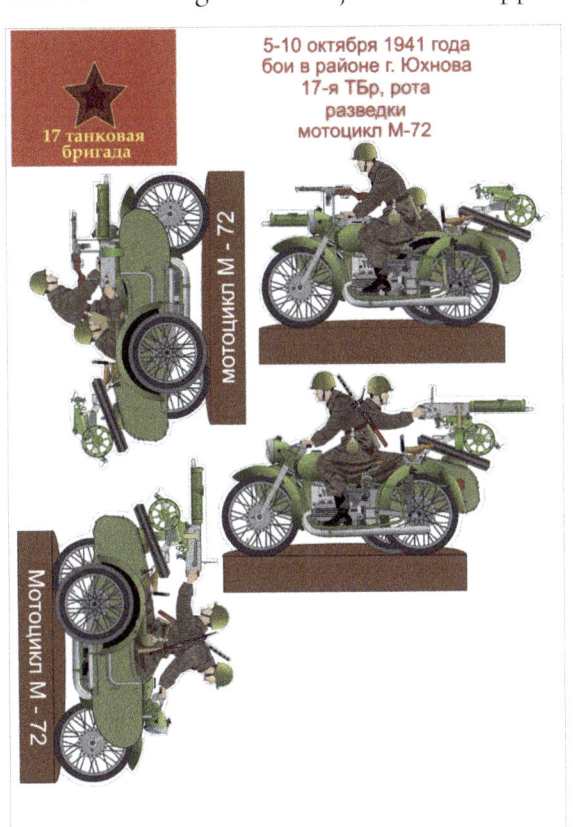 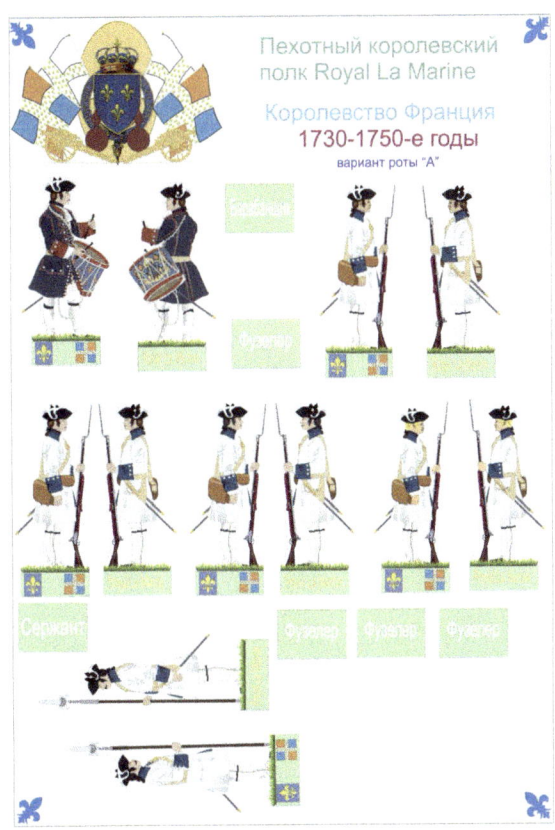

◄▲ Qui sopra alcuni esempi di soldatini di altri periodi o eserciti disegnati da Andrey. A sinistra soldatini "operativi"
Above are some examples of soldiers from other periods or armies designed by Andrey. On the left "operational" toy soldiers

LE TAVOLE
THE PLATES

1940-1945

Viva il Re

FIAT 508 CM & Canone da 47/32

FIAT 621

Tavola 1
Sopra: Fiat 508 CM con cannone 47/32 al traino
Sotto: Autocarro Fiat 621

Viva il Re

Moto Guzzi Standard 500 (1921)

Benelli M 36 (1937)

Tavola 2
Moto Guzzi standard 500 (1921)
Motocarro Benelli M36 (1937)

Viva il Re

Moto Guzzi Standard 500 (1921)

Moto Guzzi Standard 500 (1921)

Tavola 3
Moto Guzzi standard 500 (1921)
Motocarro Benelli M36 (1937)

Viva il Re

Benelli 500-40M VLM

Moto Guzzi Alce (militari)

Tavola 4
Moto Benelli 500 40M VLM
Moto Guzzi Alce
Fiat 508 CM con cannone 47/32 al traino

Viva il Re

Moto Guzzi Alce (militari)

Tavola 5
Moto Guzzi Alce
Autocarro Fiat 621

Viva il Re

FIAT 621

Tavola 6
Autocarro Fiat 621

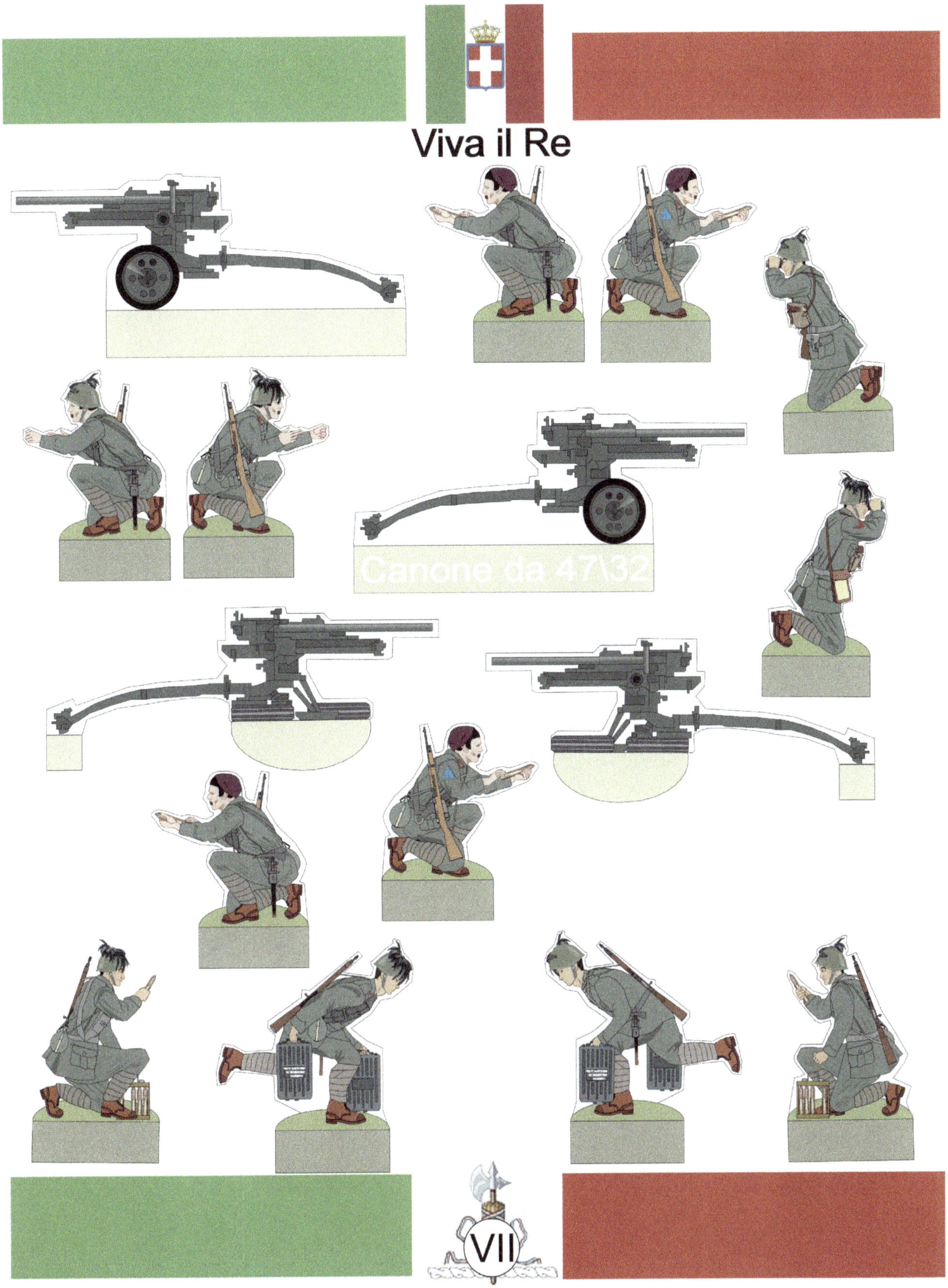

Viva il Re

Canone da 47\32

Tavola 7
Cannone da 47/32 con equipaggi

Viva il Re

Gileta LTE 500 Militare

Gileta LTE 500 Militare

Tavola 8
Moto Gilera LTE 500
Equipaggi per cannone da 47/32 con

Viva il Re

Tavola 9
Bersaglieri ciclisti

Viva il Re

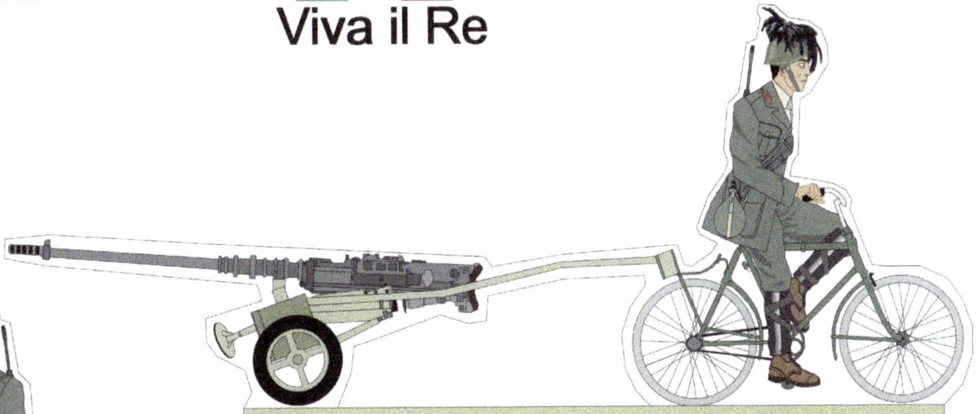

Fucile anticarro di 20 mm modello S

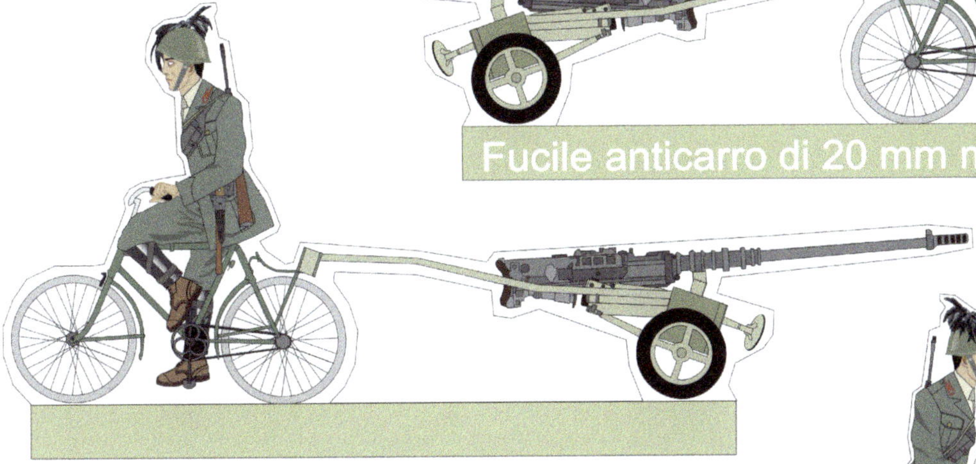

Tavola 10
Bersaglieri ciclisti con fucile anticarro 20mm
Mod. S

Viva il Re

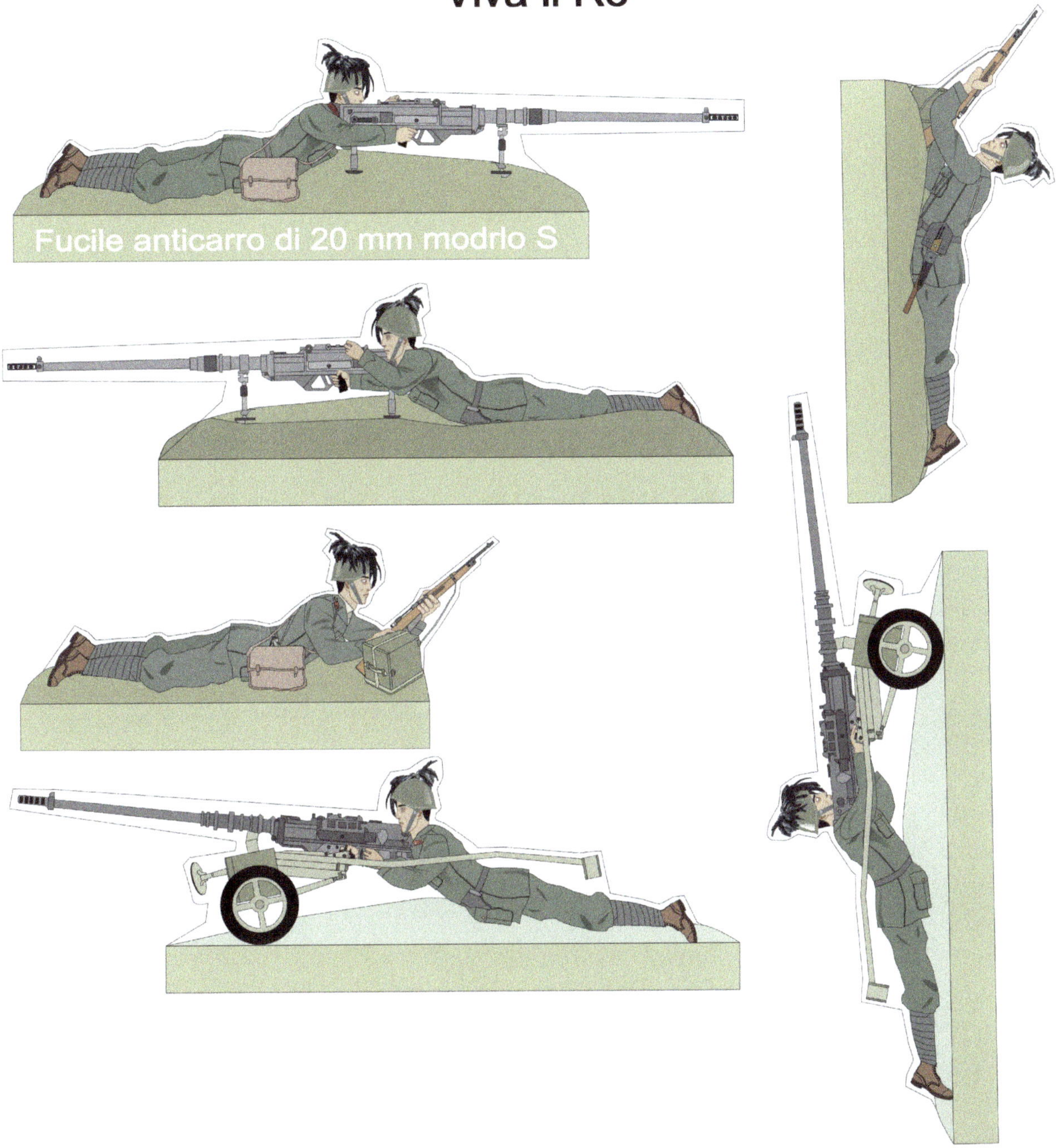

Fucile anticarro di 20 mm modrlo S

Tavola 11
Bersaglieri con fucile anticarro 20mm Mod. S

Viva il Re

Tavola 12
Bersaglieri ciclisti

Viva il Re

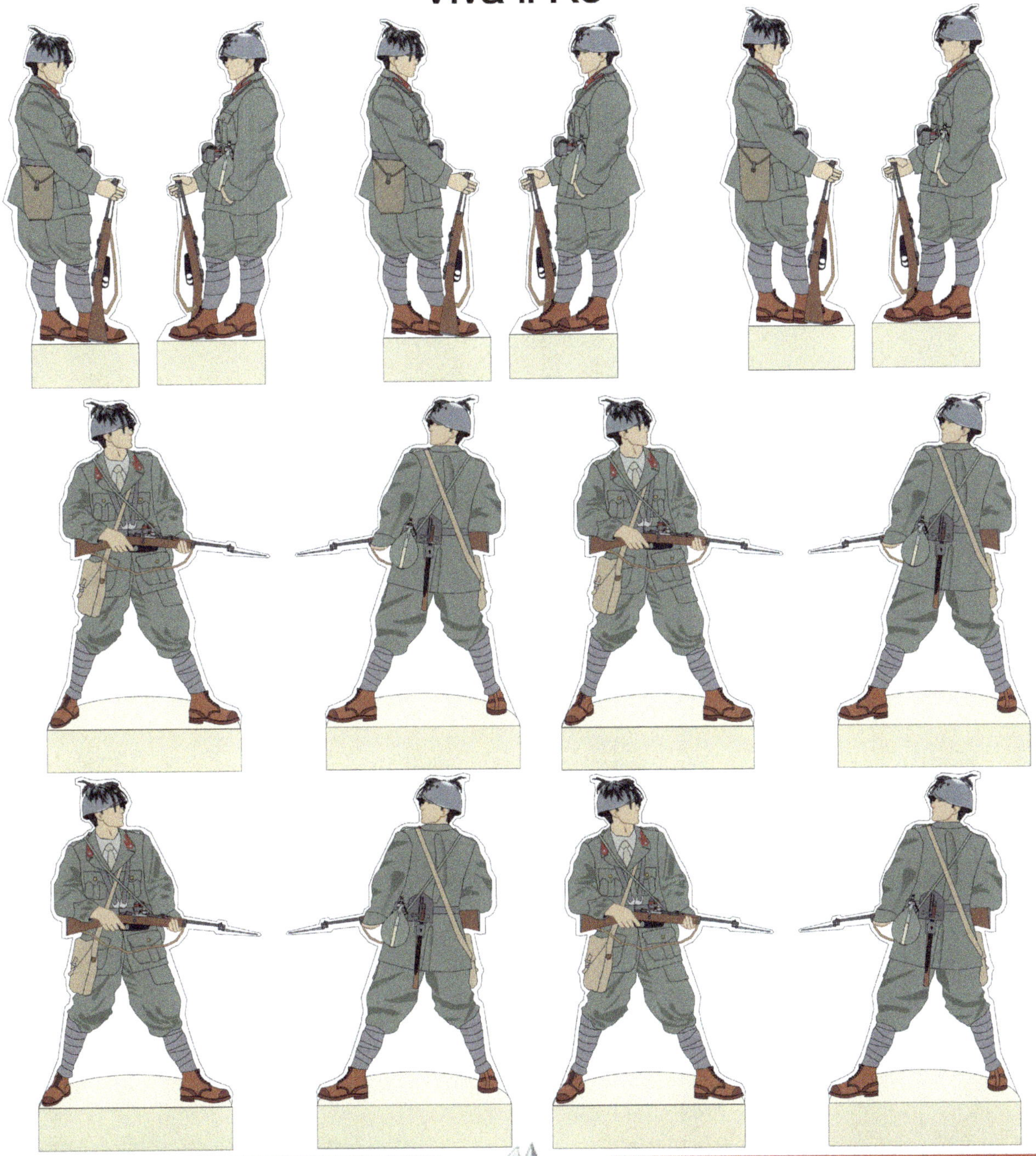

Tavola 13
Bersaglieri con moschetto 91

Viva il Re

FIAT 621

Tavola 14
Autocarro Fiat 621 con truppa

Viva il Re

FIAT 621

XV

Tavola 15
Autocarro Fiat 621 uso cisterna

Viva il Re

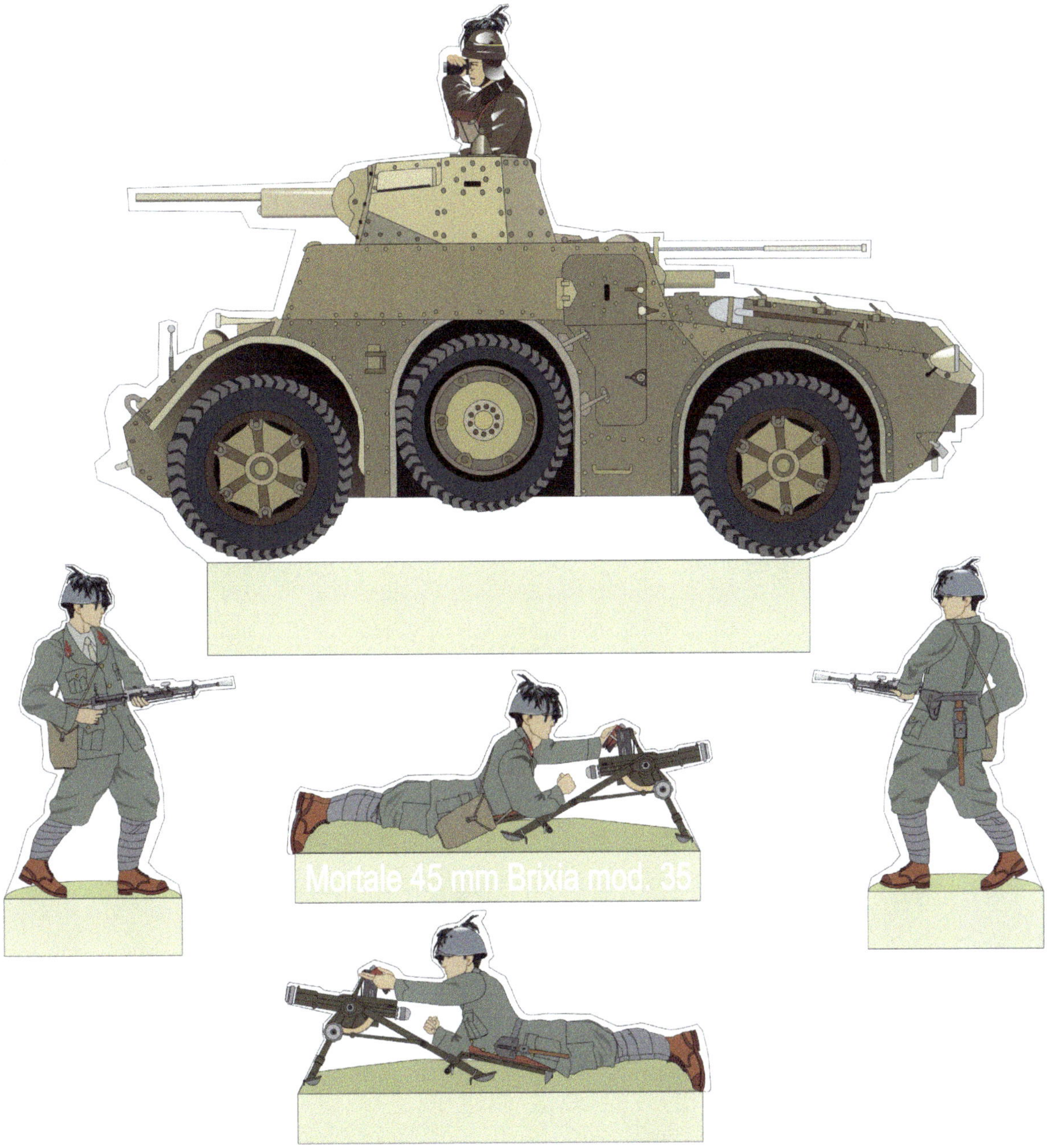

Mortale 45 mm Brixia mod. 35

XVI

Tavola 16
Autoblinda mod. 41
Bersaglieri con mortaio Brixia 45mm, mod. 35

Viva il Re

Autoblinda 41

Benelli 500-40M VLM

Tavola 17
Autoblinda mod. 41
Moto Benelli 500-40M VLM

Viva il Re

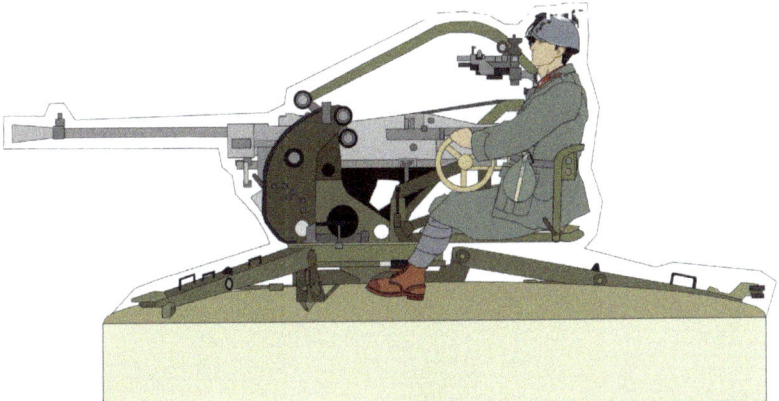

XVIII

Tavola 18
Cannoncino Breda 20/65 mod. 35 ed equipaggio

SPA 38 & Breda 20/65 mod. 35

Tavola 19
Autocarro SPA 38 con Cannoncino Breda 20/65
mod. 35

Viva il Re

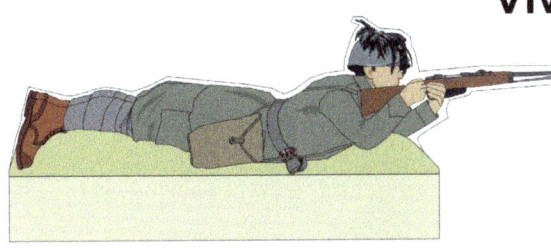 

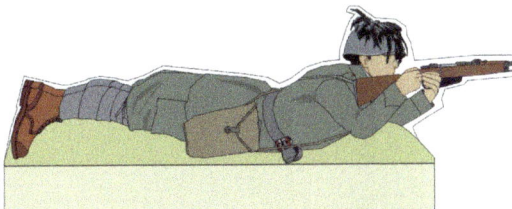 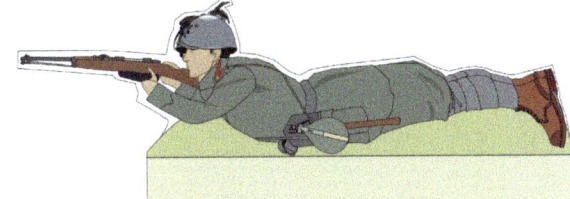

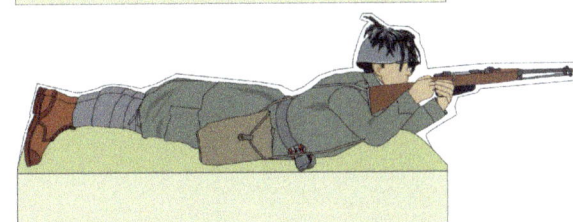 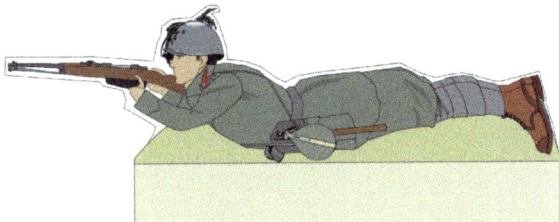

Mortale 45 mm Brixia mod. 35

XX

Tavola 20
Bersaglieri con fucile moschetto 91
Bersaglieri con mortaio Brixia 45mm mod. 35

Viva il Re

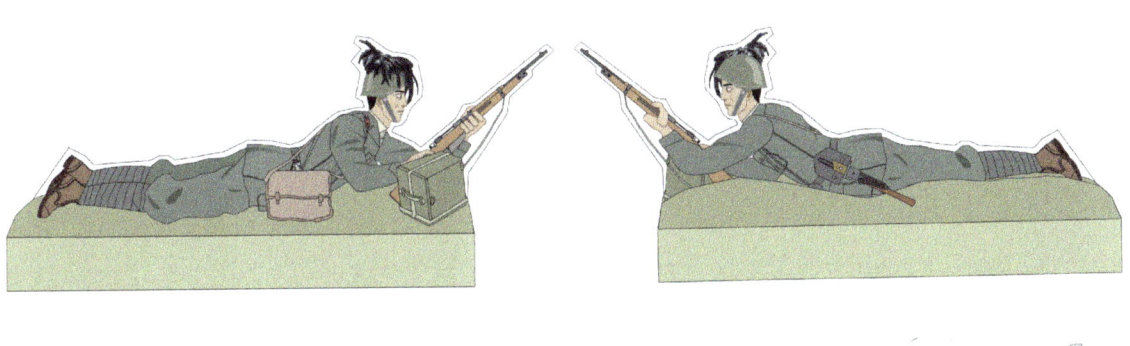

Tavola 21
Bersaglieri con fucile moschetto 91
Bersaglieri con mortaio Brixia 45mm mod. 35

TITOLI PUBBLICATI - ALREADY PUBLISHING

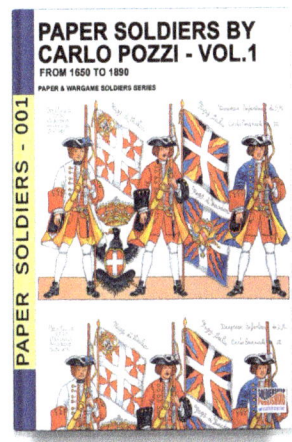
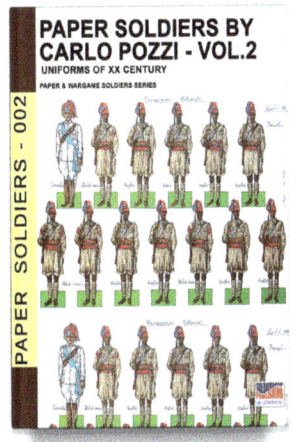
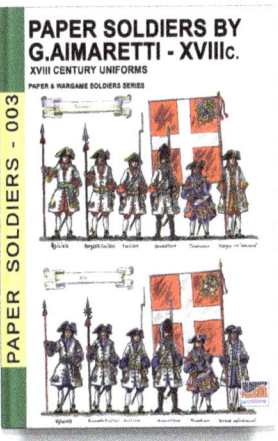
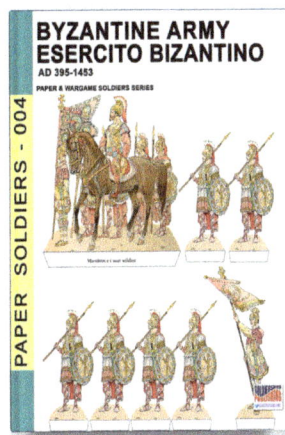
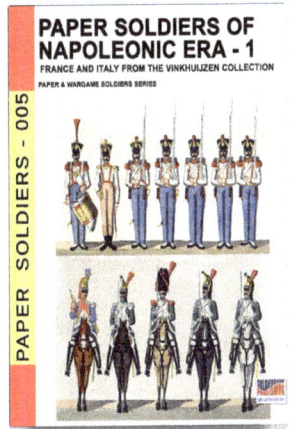
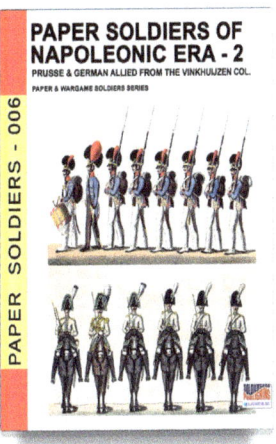
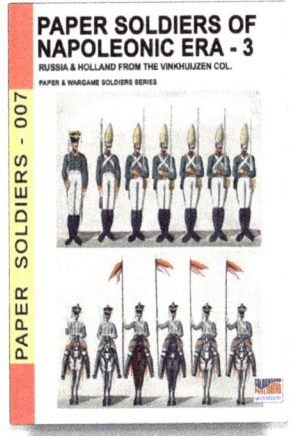
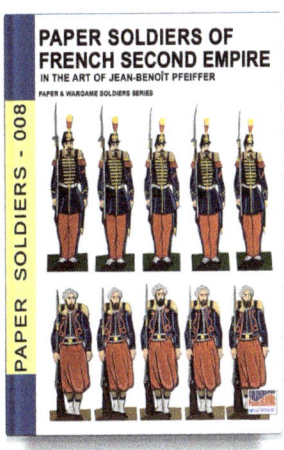

www.ingramcontent.com/pod-product-compliance
Ingram Content Group UK Ltd.
Pitfield, Milton Keynes, MK11 3LW, UK
UKHW060214240426
12048UKWH00031BB/1719